# Georges Forest
## 1924–1990

### Claude de Moissac

Georges Forest : 1924–1990
Tous droits réservés
© 2018 Vidacom Publications
ISBN : 978-1-988182-60-5

© 2018 Texte : Claude de Moissac
© 2018 Préface : Marcien Ferland
© 2018 Photos : Archives SHSB ou autres sources telles qu'identifiées sous les photos.

L'éditeur et l'auteur remercient le Comité du monument Georges-Forest pour sa précieuse collaboration dans la réalisation de cette œuvre.

Aucune partie de ce livre ne peut être reproduite ou transmise sous aucune forme ou par quelque moyen électronique ou mécanique que ce soit, par photocopie, par enregistrement ou par quelque forme d'entreposage d'information ou système de recouvrement, sans la permission écrite de l'éditeur.

Vidacom Publications remercie le Conseil des arts du Canada et le Conseil des arts du Manitoba du soutien accordé dans le cadre des subventions globales aux éditeurs et reconnaît l'aide financière du gouvernement du Canada par l'entremise du Fonds du livre du Canada et du ministère du Sport, de la Culture et du Patrimoine du Manitoba, pour ses activités d'édition.

Mise en page et couverture : Esthée Freynet
Photo de la couverture © SHSB
Éditrice en chef : Joanne Therrien
Révision : Pierrette Blais; Lynne Therrien

Les opinions exprimées dans cet ouvrage n'engagent que l'auteur.

Données de catalogage avant publication de Bibliothèque et
Archives Canada accessibles sur demande.

Dépôt légal 2018 : Bibliothèque et Archives Canada, Bibliothèque nationale du Québec et Bibliothèque provinciale du Manitoba

Vidacom Publications
C.P. 123 Winnipeg (Manitoba) Canada R2H 3B4
Tél. : 204.235.0078 admin@plaines.mb.ca
www.vidacom.ca

Sur le fait que le Manitoba est une province bilingue établie par Louis Riel dès 1870, il n'y a pas de compromis possible.

Georges Forest,
*La Liberté*, le 23 février 1990

# Préface

Ce livre est né d'un projet bien modeste : une simple feuille de chou.

Dans le but d'initier la jeunesse franco-manitobaine à l'œuvre de Georges Forest, le Comité du monument Georges-Forest avait l'intention, à l'origine, de préparer une courte notice biographique de ce militant bien connu, ainsi qu'un résumé succinct de l'affaire Forest.

À force d'y greffer des idées et des conseils venus de toutes parts, la feuille de chou est rapidement devenue plaquette. Quand le CMG-F en a confié la rédaction à Claude de Moissac, la plaquette s'est enrichie d'une biographie étoffée, de plusieurs citations, d'un volet sur l'affaire Bilodeau, de quelques photos et d'une chronologie, pour aboutir à un opuscule d'une soixantaine de pages.

Agrémenté de nombreuses photos, l'opuscule est, d'ores et déjà, un livre digne de l'homme qu'il honore. Beaucoup plus qu'une simple initiation destinée aux écoles, *Georges Forest : 1924–1990* est désormais un document disponible au grand public.

Au nom du CMG-F, je tiens à remercier Joanne Therrien de Vidacom Publications d'avoir accepté de publier *Georges Forest : 1924–1990* et à la féliciter d'avoir prévu un premier lancement qui coïncide avec la conférence Forest-Bilodeau du 12 avril 2018. Cette heureuse conjoncture saura mieux préparer la population manitobaine à accueillir l'inauguration du monument Georges-Forest le 13 juin 2018.

*Georges Forest : 1924–1990* est le premier ouvrage sur la vie et l'œuvre de Georges Forest, qui célèbre un des plus illustres défenseurs des droits de la minorité franco-manitobaine. Du reste, il incombait au CMG-F d'y consacrer plusieurs pages à l'affaire Bilodeau, laquelle a concrétisé les effets de la victoire juridique de Georges Forest.

Si Riel a su acquérir des droits à ses futurs compatriotes, c'est Georges Forest qui a obligé le gouvernement du Manitoba à les respecter.

Marcien Ferland, président
Comité du monument Georges-Forest

Ce qui nous anime tous, ce qui nous a animés depuis Louis Riel jusqu'à nos jours, c'est la justice qui est due à la cause du français au Manitoba[1].

Par ces paroles, Georges Forest dévoile sa motivation.

Éduqué en anglais et en français et faisant affaire dans les deux langues à Saint-Boniface, son vécu l'a poussé à vouloir nouer un lien entre les deux solitudes canadiennes. Partisan d'un Canada bilingue et uni, il a travaillé à faire reconnaître la présence francophone au Manitoba, présence trop longtemps bousculée par une majorité anglophone. Pour Georges Forest, le Manitoba était au cœur du débat sur l'unité nationale déclenché par le mouvement souverainiste québécois.

Fonds Georges Forest, SHSB 42323.

# Biographie

Georges Forest est né le 24 mai 1924 à La Salle, sixième de neuf enfants de Gabriel Forest et d'Élise Desgagnes[2]. Sa grand-mère maternelle, fière Métisse, lui a inculqué un respect profond pour Louis Riel et la résistance métisse qui avaient mené à la fondation d'un Manitoba bilingue en 1870.

Georges Forest a commencé ses études à l'école Barkham au nord de La Salle, et les a poursuivies à l'école secondaire pour garçons de Saint-Norbert. Bien que la plupart des cours aient été dispensés en anglais, la famille Forest parlait français à la maison. C'est au foyer que Georges Forest a appris l'importance de sa langue et de sa culture canadienne-française. Il les a défendues tout au long de sa carrière, même si sa clientèle était surtout anglophone.

En 1942, pendant la Seconde Guerre mondiale, il s'est enrôlé dans les forces aériennes canadiennes et est devenu navigateur. La guerre terminée, il a suivi des cours en pré-médecine à l'Université du Manitoba avant de se lancer dans l'enseignement. Après sa formation à l'École normale de Winnipeg, il a enseigné deux ans au Junior High de West Kildonan. En 1948, il a fondé l'Agence d'Assurances Forest Limitée et a suivi une formation à la Travellers Insurance Co. à Hartford (Connecticut). Il restera directeur de son entreprise jusqu'à son décès en 1990.

En 1953, Georges Forest a épousé Anita L'Heureux. Ensemble, ils ont élu domicile à Saint-Boniface et ont eu sept enfants. Toute sa vie, Georges Forest accordera une grande importance à sa famille. Son épouse et ses enfants constitueront une force qui le soutiendra au cours de ses revendications politiques.

Comme il travaillait à son propre compte, Georges Forest avait le loisir de s'engager dans son milieu. Il a été président du Club communautaire Champlain, puis membre fondateur et président des Gais Manitobains[3]. Il a également été cofondateur du Festival du Voyageur et premier Voyageur officiel. En affaires, Georges Forest s'est affirmé dans le mouvement coopératif en participant à la fondation de la Caisse populaire du Précieux-Sang, dont il a été le président de 1959 à 1979. Il a siégé au Conseil de la coopération du Manitoba et à celui de la Société de placement canadienne-française (Coopérative) Ltée. Dans sa paroisse catholique du Précieux-Sang, Georges Forest a été syndic et Chevalier de Colomb du quatrième degré. Chrétien convaincu, il a été membre du Tiers-ordre franciscain pendant plus de vingt-cinq ans.

Il s'est intéressé aussi à la cause des Canadiens français, d'abord au sein des Associations de parents et maîtres du Précieux-Sang et du Manitoba, puis comme membre du conseil d'administration de l'AECFM[4]. En politique, il a travaillé pour le Parti Crédit social, se présentant comme candidat créditiste dans la circonscription de Saint-Boniface en juin 1968. Défait au fédéral, il s'est ensuite présenté comme candidat à la mairie de Saint-Boniface en octobre 1968, mais a été défait.

Cependant, c'est surtout par sa lutte juridique pour le bilinguisme officiel au Manitoba que Georges Forest s'est distingué. Pour lui, le bilinguisme officiel, c'était la reconnaissance de l'existence de deux langues sur un pied d'égalité, même si tous les citoyens ne parlent pas les deux langues, selon le modèle de la dualité linguistique canadienne.

Or, en 1890, le gouvernement manitobain adopte *l'Official Language Act* qui va à l'encontre d'un des articles de la *Loi de 1870 sur le Manitoba*[5]. Le français perd alors son statut de langue officielle. Nettement défavorisés, les Franco-Manitobains choisissent de se pencher davantage sur la préservation de l'éducation en français que sur le statut du français dans les tribunaux et au palais législatif. Mais pour Georges Forest, le Franco-Manitobain qui ne peut pas se défendre en français ou participer en français à la création des lois est privé des droits de base garantis par la *Loi sur le Manitoba*. Cette distinction le guidera dans son combat politique.

## Première revendication

Sa lutte commence en 1960 lorsque le gouvernement provincial de Duff Roblin présente un projet de loi pour fonder la Corporation métropolitaine du Grand Winnipeg. Ce projet aurait pour effet d'englober les municipalités environnantes, y compris Saint-Boniface. Comme bien d'autres résidents, Georges Forest y voit une menace au caractère francophone de sa ville d'adoption. Il s'oppose au projet de loi et organise une manifestation contre cette politique de fusion. En 1968, il se présente comme candidat à la mairie de Saint-Boniface et s'affiche contre le projet d'amalgame. Double échec. En réaction au projet de la Corporation métropolitaine, Georges Forest trouve un moyen de soutenir la francophonie manitobaine et le caractère unique de Saint-Boniface : en 1969, il propose la création d'un festival d'hiver, le Festival du Voyageur.

En 1971, le gouvernement d'Edward Schreyer adopte le *City of Winnipeg Act* qui sonne le glas de la ville de Saint-Boniface. La première ville de l'Ouest canadien n'est plus qu'un quartier de Winnipeg. Cependant, il est stipulé dans cette loi que les habitants de l'ancienne ville auront droit à des communications imprimées bilingues quand il s'agit des services et des impôts municipaux[6].

En mars 1975, Georges Forest reçoit une contravention rédigée uniquement en anglais pour stationnement illégal. Il refuse de payer l'amende puisque, n'étant pas imprimée dans les deux langues officielles, elle est contraire au *City of Winnipeg Act*. Il s'en remet aux conseillers de Winnipeg, en leur demandant de faire respecter la loi.

Sept mois plus tard, en octobre, il reçoit enfin une réponse de l'avocat de la Ville qui indique que la contravention fait partie des services policiers et qu'elle n'est donc pas régie par l'article 80(3). Georges Forest propose alors aux conseillers de demander au procureur général de la Province de définir la portée de cet article. Cette demande restera sans réponse.

## La voie judiciaire : l'affaire Forest

Le 6 février 1976, Georges Forest reçoit une seconde contravention pour stationnement illégal, cette fois-ci devant son commerce de la rue Marion. Il choisit un avocat, Alain Hogue, qui demande à l'avocat de la Ville de Winnipeg de faire respecter l'article 80(3) du *City of Winnipeg Act* et il obtient la même réponse. N'ayant pas payé la contravention, Georges Forest doit comparaître en Cour provinciale. Le juge J. S. Walker déclare que la contravention, en tant que document juridique, tombe sous le coup de l'*Official Language Act* de 1890 : elle peut donc être en anglais uniquement.

Les 17 et 18 novembre 1976, Georges Forest porte sa cause en appel contre la Ville devant la Cour de comté de Saint-Boniface. Le juge Armand Dureault rend sa décision en décembre. Il se prononce en faveur de Georges Forest en cassant la décision du juge Walker. Il déclare que la loi de 1890 qui enlève au français son statut de langue officielle est contraire à l'article 23 de la *Loi sur le Manitoba*[7] et est donc *ultra vires*[8]. Cela revient à dire que la loi de 1890 est invalide. Fort de l'appui de cette décision, Georges Forest est maintenant convaincu que sa cause est juste et gagnante.

Cependant, la victoire de Georges Forest ne fait pas le bonheur de tous, non seulement au sein de la communauté anglophone, mais même chez les francophones. La famille Forest fait l'objet de nombreuses réactions hostiles. Georges Forest reçoit des menaces de mort, notamment une enveloppe contenant deux cartouches. Certains soirs, les enfants doivent se réfugier dans d'autres foyers pour leur sécurité. Pendant l'affaire Forest, les Assurances Forest perdent beaucoup de clients[9]. Malgré les menaces, Georges Forest continue à recevoir l'appui indéfectible d'Anita Forest et de leurs enfants.

## Le dilemme de la Société franco-manitobaine

La victoire cause des remous également dans la communauté francophone. Les opinions sur l'affaire Forest sont partagées, tant dans la communauté qu'au sein de la Société franco-manitobaine (SFM). D'une part, certains préfèrent poursuivre la voie des négociations politiques pour régler les différends qui opposent les deux groupes linguistiques. Comme le Bureau de l'éducation française venait d'ouvrir ses portes en 1974, la SFM n'osait pas s'opposer ouvertement au gouvernement, de peur de perdre le terrain nouvellement acquis dans le domaine de l'éducation française. D'autre part, certains souhaitaient appuyer Georges Forest, mais en se fondant sur une cause moins banale qu'une simple contravention.

Le président de la SFM, le docteur Archambault, cherche à réconcilier les deux écoles de pensée. Selon lui, il faudrait d'abord assurer la survie du français au Manitoba, sinon à quoi bon avoir des lois en français. Ces lois ne serviraient à rien si les Franco-Manitobains sont assimilés. Pour cette raison, la SFM préfère poursuivre les négociations dans le domaine de l'éducation en français. Georges Forest est profondément déçu de ne pas recevoir l'appui de la SFM.

Toutefois, la SFM ne peut pas complètement ignorer le jugement Dureault. Vu que son financement provient du Secrétariat d'État, elle ne peut pas soutenir financièrement la revendication judiciaire de Georges Forest. Elle met donc sur pied un comité en mesure de recevoir des dons afin d'appuyer la cause Forest[10]. L'appui de la population franco-manitobaine est tiède par peur de représailles possibles, mais aussi par crainte de perdre la cause devant les tribunaux.

C'est donc seul que Georges Forest poursuit sa cause. Ce qui découragerait bien des gens ne fait que fortifier Georges Forest. Il n'a pas peur d'agir et de faire valoir ses principes. Pour lui, la *Loi sur le Manitoba* n'est pas négociable, et le gouvernement est tenu de la respecter. Il tient tout compromis pour inacceptable.

*La famille Forest dans les années 1930. Rangée du haut, de gauche à droite : Georges, Gérard, Anna, Laurent, Hyacinthe (Rocky).*
*Rangée du bas, de gauche à droite : Gabriel jr, Cécile, Robert, Jean-Paul.*
*Collection privée de Gabriel et Marcelle Forest.*

Ci-dessus : *La famille de Gabriel et Élise (Desgagnes) Forest. Assis, de gauche à droite :* Gabriel jr, Gabriel Ambroise , Élise, Robert. Debout, de gauche à droite : Jean-Paul, Cécile, Gérard, Hyacinthe (Rocky), Anna, Georges. En médaillon : Laurent.
Ci-contre : *Georges Forest.*
Collection privée de Gabriel et Marcelle Forest.

*Georges Forest, membre des forces aériennes canadiennes lors de la Seconde Guerre mondiale. SHSB 26371.*

*SHSB, photo tirée du livre* Then and Now: The History of La Salle, Manitoba, *p. 134*.

*Les comédiens de la pièce de théâtre* Prisonnier de mon Cœur, *en 1950. Georges Forest, dernière rangée, à l'extrême droite. Fonds Georges Forest, SHSB 11067.*

*Georges Forest et Anita L'Heureux, le jour de leur mariage, en 1953.*
*Fonds Georges Forest, SHSB.*

*Article paru dans* La Liberté et le Patriote *du 11 mars 1960. Georges Forest, à la tête de quelque 250 manifestants s'opposant à l'adhésion de la ville de Saint-Boniface dans le projet du « Metro Winnipeg ».*
*SHSB 42324.*

*Assemblée de l'Association d'Éducation des Canadiens français du Manitoba (AECFM) dans les années 1960. Georges Forest, debout, 6ᵉ à partir de la droite. SHSB 5324.*

*Rassemblement des Chevaliers de Colomb. Georges Forest, debout, 4ᵉ à partir de la droite. SHSB 26365.*

*Fiers ambassadeurs du Festival du Voyageur, Georges et Anita Forest ont été Voyageurs officiels de cette fête hivernale en 1970, et encore en 1979.*
*Archives du Festival du Voyageur et Fonds Georges Forest, SHSB.*

*La famille de Georges et Anita Forest à l'occasion du Festival du Voyageur. SHSB 15124.*

*Le premier Voyageur officiel en costume d'époque.*
*Fonds Georges Forest, SHSB 42334.*

*La famille de Georges et Anita Forest, vers 1972.*
*Collection privée d'Anita Forest.*

*Le cofondateur du Festival du Voyageur et premier Voyageur officiel dans son capot bleu, faisant de la raquette. SHSB 26358.*

Ci-dessus et en bas, *Georges Forest, membre fondateur de la Caisse Populaire du Précieux-Sang, et son président de 1959 à 1979. SHSB 26337 et 26338.*

*Georges Forest à la Cour suprême du Canada, à Ottawa, en juin 1979. Le 13 décembre, il gagnera une victoire morale, mais incomplète, sur le front linguistique au Manitoba.*
La Liberté, *numéro du 23 février 1990.*

*Georges Forest prononçant un discours lors de sa tournée référendaire du Québec en 1980. Fonds Georges Forest, SHSB.*

## Le gouvernement manitobain et l'affaire Forest

En janvier 1977, le gouvernement Schreyer décide de ne pas interjeter appel. Il choisit de fonctionner comme si le jugement Dureault n'existait pas. C'est une tactique qui avait été utilisée auparavant en 1892 et en 1909 par le gouvernement provincial lorsqu'un juge avait déclaré invalide la loi de 1890[11]. Ces jugements avaient été ignorés à la grande satisfaction du gouvernement[12].

C'était méconnaître Georges Forest et Alain Hogue d'imaginer qu'ils abandonneraient la lutte. La loi de 1890 ayant été déclarée invalide, ils demandent à l'imprimeur de la Reine et au procureur général du Manitoba une copie en français des quatre lois qui gouvernent l'avis de contravention de stationnement. Le gouvernement offre de traduire ces lois, mais exige la somme de 17 000 $.

En mars, Georges Forest et Alain Hogue demandent une ordonnance à la Cour du Banc de la Reine : ils veulent que la Cour ordonne au gouvernement de traduire les quatre lois pertinentes. Le registraire refuse leur déposition parce qu'elle est en français. En avril, Alain Hogue dépose à la Cour d'appel une requête en vue d'obtenir une ordonnance de *mandamus*[13]. Celle-ci refuse d'agir, parce qu'elle n'est pas la première cour d'instance. La Cour du Banc de la Reine doit d'abord se prononcer.

Entre-temps, le Nouveau Parti démocratique de Schreyer perd les élections provinciales de 1977 et est remplacé par le Parti progressiste-conservateur de Sterling Lyon. Ce parti prend le pouvoir au moment où une vague de ressentiment sévit contre les politiques fédérales touchant le bilinguisme. Si les répercussions politiques dégénèrent au Manitoba, elles sont néanmoins plus favorables au fédéral. Le gouvernement Trudeau introduit alors un programme d'appui financier pour les contestations constitutionnelles. En mars 1978, Georges Forest reçoit une lettre l'informant de l'appui financier du gouvernement canadien[14].

Les audiences devant la Cour du Banc de la Reine se tiennent du 30 mai au 1er juin. Georges Forest demande à la Cour de se prononcer sur la validité constitutionnelle de la loi de 1890 et, plus précisément, sur sa portée dans les cours de justice provinciales. Le juge en chef, Archibald Stewart Dewar, rend son jugement le 19 juillet. Il refuse de statuer sur la constitutionnalité de la cause et refuse aussi de reconnaître que Georges Forest a une cause légitime, celui-ci ayant déjà eu gain de cause à la Cour de comté. Comme le juge Dewar refuse de corroborer ou de casser la décision du juge Dureault, Georges Forest et Alain Hogue décident de porter de nouveau leur cause en Cour d'appel.

La cause est entendue en février et le jugement est rendu le 25 avril. La Cour tranche : l'article 23 de la *Loi sur le Manitoba* équivaut à l'article 133 de l'*Acte de l'Amérique du Nord britannique* et le gouvernement du Manitoba n'a pas le pouvoir d'amender unilatéralement ces lois. Il est à noter que ce jugement n'affecte que les tribunaux qui doivent maintenant être en mesure d'entendre des causes dans les deux langues officielles[15].

Le 18 mai, le jugement est élargi. L'*Official Language Act* de 1890 est déclaré *ultra vires*. Le français reprend donc son statut de langue officielle à la législature. Mais la Cour ne se prononce pas sur la validité ou l'invalidité des lois et statuts provinciaux publiés seulement en anglais. Devant cet état de fait, le gouvernement provincial décide d'interjeter appel à la Cour suprême du Canada dans l'espoir de faire casser la décision de la Cour d'appel[16].

La cause est déposée à la Cour suprême et entendue en octobre 1979. Le jugement, rendu le 13 décembre, donne raison à Georges Forest. La loi de 1890 est déclarée invalide, car la législature provinciale n'a pas le pouvoir de changer l'article 23 de la *Loi sur le Manitoba*.

Pour Georges Forest, c'est une victoire morale, mais incomplète. C'est, en fait, un retour à la situation constitutionnelle de 1870, car la Cour suprême ne se prononce nullement sur la question de la traduction des lois et statuts adoptés et imprimés en anglais seulement.

## Les suites de l'affaire Forest

La décision de la Cour suprême ouvrait la porte au bilinguisme institutionnel au Manitoba, mais sans en préciser la portée[17]. Le gouvernement manitobain se trouvait soudainement devant l'obligation de traduire l'ensemble des lois adoptées depuis quatre-vingt-neuf ans. Par où commencer? D'une part, il tente de limiter la hargne de certains éléments anglophones à l'approche d'une élection. D'autre part, il espère aussi satisfaire la SFM moyennant quelques services en français.

Georges Forest croyait que les services en français seraient une conséquence logique de la traduction des lois. Cependant, la SFM ne voyait pas les choses du même œil. Selon elle, la traduction des lois ne garantissait pas des services en français. Ces deux positions divisent profondément la communauté franco-manitobaine.

En avril 1980, le gouvernement Lyon adopte la loi 2, qui concerne l'application de l'article 23 de la *Loi sur le Manitoba* par rapport à l'ensemble des lois provinciales[18]. Bien que le français et l'anglais y soient désignés langues officielles, la langue française reste nettement inférieure à l'autre parce que, selon cette loi, c'est l'anglais qui a la priorité.

En outre, au lieu de traduire l'ensemble des lois, le gouvernement propose d'en traduire seulement les plus importantes et d'offrir des services en français[19]. Personne n'est dupe de cette loi : la SFM se rend bien compte qu'elle ne peut s'attendre à rien d'autre du gouvernement Lyon.

Pour Georges Forest, c'était là une négation du jugement de la Cour suprême, car rien de concret n'avait changé. À preuve, plusieurs causes de contraventions unilingues sont entendues dans les cours du Manitoba dont une en particulier, soit celle de Roger Bilodeau en 1980. Le but ultime de ce dernier est d'obtenir un jugement pour savoir si la traduction des lois et statuts est obligatoire ou facultative selon l'article 23 de la *Loi sur le Manitoba*. C'est la suite de l'affaire Forest, sous un nouveau nom.

**L'affaire Bilodeau**

Roger Bilodeau se présente à la Cour provinciale le 29 mai 1980. Il agit seul, c'est-à-dire indépendamment de la SFM. Étant alors étudiant en droit à Moncton, il connaît le droit constitutionnel suffisamment pour contester une contravention d'excès de vitesse en se basant sur l'article 23. Plus précisément, il conteste la validité de deux lois relativement à sa contravention. Le jugement rendu le 25 août 1980 par le juge Harold Gyles stipule que l'article 23 est une directive et non une obligation. La Cour d'appel, en juillet 1981, confirme ce jugement. Sur ce point, le juge Samuel Freedman précise que si deux lois sont invalides parce qu'elles n'existent qu'en anglais, il s'ensuit que toutes les lois sont invalides; le résultat, suivant l'inaction du gouvernement, créerait un chaos juridique[20]. Pour éviter que cela se produise, la Cour déclare que les lois unilingues doivent demeurer opérantes. D'autre part, le juge Alfred Monnin, dans un jugement dissident, déplore le fait que les lois adoptées depuis le jugement Forest ne sont toujours pas bilingues.

Roger Bilodeau est donc tenu de payer sa contravention, mais il poursuit sa cause devant la Cour suprême qui lui accorde une audience le 15 novembre 1981.

Deux jours plus tard, le gouvernement manitobain est défait. Howard Pawley et les néo-démocrates prennent le pouvoir. La SFM y voit un gouvernement plus disposé à offrir des services en français. À la suggestion de la SFM, Roger Bilodeau accepte de demander un ajournement à la Cour suprême afin de permettre à la SFM de poursuivre les négociations avec le gouvernement.

Le processus avance à petits pas. Les deux partis arrivent enfin à s'entendre sur un point d'importance capitale, à savoir que pour éviter le chaos juridique, les lois adoptées uniquement en anglais resteront opérantes, pourvu que le gouvernement reconnaisse l'obligation de les traduire et d'offrir des services en français. On propose un amendement constitutionnel pour confirmer la validité des lois unilingues en attendant que la traduction des lois soit terminée. Par contre, le gouvernement refuse de traduire le *Hansard*[21] et d'offrir des services en français à l'échelle de la province.

Georges Forest s'oppose aux compromis. Il y voit un affaiblissement des effets de l'article 23 de la *Loi sur le Manitoba* :

> Il n'est pas nécessaire de sacrifier nos droits pour des miettes. Il est maintenant

temps de s'asseoir à table et partager le grand repas complet avec nos compatriotes de langue anglaise. Le temps du statut de privilèges est terminé pour le Manitoba français[22].

Pour Georges Forest, les droits des francophones ne sont pas des privilèges accordés par le gouvernement, mais bien des droits conférés par la *Loi sur le Manitoba*. La seule concession qu'il accepte, c'est celle du délai de traduction.

Entre-temps, le Parti conservateur, maintenant dans l'opposition, cherche à semer la discorde dans la population anglophone en présentant toute entente comme des privilèges accordés aux francophones qu'on traite, d'ailleurs, comme un simple groupe ethnique. La grogne populaire augmente à mesure que les négociations se poursuivent. On passe de la parole aux actes. Des graffitis anti-français apparaissent à Saint-Boniface. Le 30 janvier 1983, les bureaux de la SFM sur le boulevard Provencher sont incendiés et on soupçonne une main criminelle. La SFM est obligée de déménager et s'installe temporairement au Collège de Saint-Boniface. Elle poursuit les pourparlers.

Les négociations entre le gouvernement provincial et la SFM aboutissent en mai 1983 à une entente sur la traduction des lois en français, qui recevra l'approbation du gouvernement fédéral. Les lois publiées en français et en anglais à partir de 1986 auront la même valeur, mais les lois adoptées en anglais seulement resteront opérantes jusqu'en 1993, le temps de les traduire. L'entente est bien accueillie par les Franco-Manitobains, y compris Georges Forest.

Par contre, elle rencontre toujours l'opposition des conservateurs. Ceux-ci, s'appuyant sur la loi 2 de 1980, préfèrent ne pas agir et laisser la cause Bilodeau suivre son cours, car ils croient que la Cour suprême va confirmer le jugement de la Cour d'appel du Manitoba. Ils mènent une campagne vigoureuse contre l'entente tripartite, y voyant une ingérence du gouvernement fédéral de Pierre Elliott Trudeau dans une question provinciale. Devant le tollé populaire provoqué par l'intervention du parti de l'opposition, le gouvernement Pawley s'incline. Néanmoins, il tient des audiences publiques où le secteur anti-francophone de la population présente ses griefs à l'encontre de l'amendement constitutionnel. Le Parti conservateur, fort de cet appui, refuse de se présenter en chambre pour le vote[23]. Ne sachant comment répondre à cette tactique perfide, les néo-démocrates renoncent à leur projet et l'amendement constitutionnel meurt au feuilleton avec la prorogation de la session législative, le 27 février 1984.

Roger Bilodeau reprend donc sa cause devant la Cour suprême, car pour lui, les négociations politiques n'ont rien réglé. En même temps, la SFM, comme intervenant dans cette cause, accepte que le gouvernement fédéral soumette un renvoi à la Cour suprême[24]. Tandis que Roger Bilodeau cherche à invalider deux lois spécifiques, la SFM, elle, cherche un jugement plus général visant l'ensemble des lois adoptées en anglais seulement depuis 1890. De son côté, le gouvernement fédéral veut une réponse à la question de l'heure : les obligations imposées aux gouvernements du Québec et du Manitoba en vertu de leurs constitutions, sont-elles impératives ou facultatives?

La cause Bilodeau et le renvoi sont entendus ensemble le 24 juin 1984. La Cour suprême rend son jugement sur le renvoi le 13 juin 1985 : les dispositions contenues dans l'article 133 de la *Loi constitutionnelle de 1867* et dans l'article 23 de la *Loi sur le Manitoba* sont impératives, c'est-à-dire obligatoires et non facultatives. Les lois adoptées en anglais seulement depuis 1890 sont donc invalides, mais, pour éviter le chaos, elles resteront opérantes pour une période de temps raisonnable afin d'en faire la traduction. Le gouvernement manitobain négocie ce délai avec la SFM. À la suite de ces négociations, la Cour suprême accepte en novembre que les lois soient traduites dans un délai de trois ans.

L'affaire Forest et l'affaire Bilodeau ont contribué au rétablissement du bilinguisme officiel au Manitoba en ce qui concerne les tribunaux, la législature et les documents législatifs. La SFM a négocié pour obtenir l'accès aux services en français là où le nombre le justifiait, mais il allait falloir attendre jusqu'en 2016 avant que les services bilingues soient légiférés[25].

Roger Bilodeau, de son côté, perd sa cause. En effet, le 1er mai 1986, la Cour suprême détermine qu'il est préférable, mais non obligatoire, que les avis de contravention soient bilingues.

## La contribution de Georges Forest

Profitant de la notoriété de l'affaire Forest, Georges Forest se fait connaître partout au Canada pour sa défense du bilinguisme et de l'unité nationale. Il donne des conférences pour un Canada bilingue et uni, même lors de la campagne référendaire québécoise en 1980. Il est reconnu par l'Association internationale des parlementaires de langue française en 1980 lorsqu'il est décoré de l'Ordre de la Pléiade.

Bien que la SFM ait été hésitante à appuyer l'affaire Forest dès ses débuts, elle s'y est engagée par la suite, vu son importance pour la francophonie manitobaine. En décembre 1985, lors de l'ouverture des nouveaux bureaux de la SFM, une salle de conférence est nommée en l'honneur de Georges Forest.

Georges Forest est décédé le 14 février 1990, à Saint-Boniface, pendant le Festival du Voyageur. Il avait soixante-cinq ans. Ses funérailles ont eu lieu à l'église du Précieux-Sang, sa paroisse d'adoption. À cette occasion, le Festival a placé à l'entrée de l'église un canot d'écorce renversé et orné d'une ceinture fléchée, symbole du voyageur disparu. Ses cendres ont été inhumées aux Glen Lawn Memorial Gardens.

*Georges Forest devant la tombe de Louis Riel dans le cimetière de la Cathédrale de Saint-Boniface. SHSB 26313.*

## Conclusion

Si Georges Forest a contribué au rétablissement du bilinguisme constitutionnel au Manitoba, il a également remis à l'ordre du jour la contestation judiciaire comme voie de revendication des droits des minorités. Avec la *Charte canadienne des droits et libertés*, adoptée en 1982, cette voie sera de plus en plus utilisée par les communautés francophones hors Québec. Les renvois à la Cour suprême quant à la gestion scolaire par les parents francophones en 1990 et en 1993, par exemple, ont mené à la création de la Division scolaire franco-manitobaine en 1994.

Selon Roger Turenne, responsable du Secrétariat des services en langue française du Manitoba lors de sa mise sur pied en 1981, l'affaire Forest a été « un geste d'appartenance au Canada. Cela a permis de "brancher" le Manitoba sur le circuit de la dualité linguistique canadienne qui est un des fondements de la Confédération[26]. »

Le juge Alfred Monnin, juge à la Cour d'appel durant la lutte menée par Georges Forest, ajoute qu'il a été le premier à trouver un moyen de régler la contradiction entre la loi de 1890 et l'article 23 de la *Loi sur le Manitoba*.

> C'est Georges Forest qui a lancé la machine. Il a eu la témérité, la force morale et la persévérance nécessaires pour lancer et poursuivre l'entreprise. Sans lui, on ne serait pas rendu là où on est maintenant au Manitoba, en tout cas pas aussi vite. [...] Après l'affaire Forest, les gens se sont sentis beaucoup plus solidaires. Ils ont su qu'ils avaient des droits, et qu'il fallait lutter pour les obtenir et les conserver[27].

Si le jugement Forest a rétabli le principe du bilinguisme officiel, c'est la cause Bilodeau, élargie par renvoi fédéral, qui a abouti à l'application concrète de ce jugement. Elle venait donc terminer la mission que Georges Forest avait entreprise.

Roger Bilodeau a dû payer sa contravention. Mais, paradoxalement, s'il avait perdu sa bataille personnelle, il avait gagné la guerre pour la francophonie manitobaine en suivant la voie qu'avait tracée Georges Forest.

*Fonds Georges Forest, SHSB 42333.*

## Chronologie de l'affaire Forest

**1975**

| | |
|---|---|
| mars | Georges Forest reçoit un avis de contravention unilingue. |
| avril | Georges Forest se présente au conseil municipal pour demander que le *City of Winnipeg Act* soit respecté. |
| octobre | La Ville de Winnipeg répond que le *City of Winnipeg Act* ne s'applique pas aux contraventions. |

**1976**

| | |
|---|---|
| 6 février | Georges Forest reçoit un nouvel avis de contravention unilingue. |
| 27 juillet | Georges Forest paraît en Cour provinciale. Le juge Walker déclare que la contravention tombe sous le coup de l'*Official Language Act* de 1890. |
| 9 septembre | Georges Forest interjette appel de la décision Walker. |
| 17 et 18 novembre | La cause Forest est entendue devant la Cour de comté de Saint-Boniface. |
| 14 décembre | Le juge Dureault de la Cour de comté de Saint-Boniface déclare l'*Official Language Act* de 1890 *ultra vires*[28]. |

**1977**

| | |
|---|---|
| janvier | Le gouvernement néo-démocrate du |

| | |
|---|---|
| | Manitoba décide de ne pas faire appel du jugement Dureault. |
| février | Le gouvernement provincial propose de traduire quatre lois pour la somme de 17 000 $. |
| 17 mars | Maître Alain Hogue tente de déposer des documents en français à la Cour du Banc de la Reine. Ces documents sont refusés. Une déposition de documents en français à la Cour d'appel est également refusée. |
| 22 juin | La Cour d'appel refuse d'entendre la cause Forest et la renvoie à la Cour du Banc de la Reine. |

**1978**

| | |
|---|---|
| 10 mars | Le Secrétariat d'État du Canada offre une aide financière à Georges Forest pour sa poursuite constitutionnelle. |
| 30 mai au 1er juin | La cause Forest est entendue à la Cour du Banc de la Reine. |
| 19 juillet | La Cour du Banc de la Reine refuse de statuer dans la cause Forest. |
| 22 août | Georges Forest porte sa cause devant la Cour d'appel du Manitoba. |

**1979**

| | |
|---|---|
| 21 février | La cause Forest est entendue à la Cour d'appel. |

| | |
|---|---|
| 25 avril | La Cour d'appel confirme le jugement rendu par la Cour de comté qui donne raison à Georges Forest : le français peut être utilisé dans les cours de justice provinciales. |
| 18 mai | La Cour d'appel élargit son jugement dans la cause Forest : la langue française retrouve son statut de langue officielle à la législature manitobaine. Le gouvernement provincial interjette appel à la Cour suprême du Canada. |
| 19 octobre | La cause Forest est entendue à la Cour suprême du Canada. |
| 13 décembre | La Cour suprême du Canada confirme que l'*Official Language Act* de 1890 est invalide. |

**1984**

| | |
|---|---|
| 24 juin | La cause Bilodeau et le renvoi fédéral sont entendus par la Cour suprême du Canada. |

**1985**

| | |
|---|---|
| 13 juin | La Cour suprême du Canada confirme que les dispositions contenues dans l'article 133 de la *Loi constitutionnelle de 1867* et dans l'article 23 de la *Loi de 1870 sur le Manitoba* sont impératives et non facultatives. |

15 novembre  La Cour suprême du Canada accepte l'entente conclue entre la SFM et le gouvernement provincial : le gouvernement aura trois ans pour traduire les lois et les statuts.

# Bibliographie

Blay, Jacqueline, *L'article 23 : les péripéties législatives et juridiques du fait français au Manitoba, 1870–1986*, Saint-Boniface, Les Éditions du Blé, 1987.

Centre du Patrimoine (site Web), « Le lieu de mémoire : Fonds Georges Forest », Société historique de Saint-Boniface, janvier 2015, http://shsb.mb.ca/Carnet/Georges_Forest.

Hébert, Raymond M., *Manitoba's French-Language Crisis: A Cautionary Tale*, Montréal/Kingston, McGill-Queen's University Press, 2004.

*La Liberté*, volume 70, no 4 (22 avril 1983); volume 76, no 38 (15 décembre 1989); et volume 76, no 48 (23 février 1990, p. 1, 8 et 9), http://peel.library.ualberta.ca/newspapers/LBT/.

Russell, Frances, *The Canadian Crucible: Manitoba's Role in Canada's Great Divide*, Winnipeg, Heartland Associates, Inc., 2003.

# Notes

1  Discours de Georges Forest lors de la dédicace de la salle Georges Forest à la Maison franco-manitobaine, le 1er décembre 1985. Archives de la Société historique de Saint-Boniface, Fonds Georges Forest (no° de dossier 0152/1320/565).

2  Dans une lettre de 1980, Georges Forest utilise cette orthographe. La variante « Degagné » est aussi utilisée.

3  Les Gais Manitobains sont devenus les Danseurs de la Rivière-Rouge en 1978, puis l'Ensemble folklorique de la Rivière-Rouge en 1993.

4  Association d'éducation des Canadiens français du Manitoba.

5  Dans le cadre du rapatriement de la Constitution canadienne en 1982, l'ancienne désignation « *Acte du Manitoba, 1870* », ou plus communément, « *Acte du Manitoba* », a été remplacée par la désignation « *Loi de 1870 sur le Manitoba* », ou « *Loi sur le Manitoba* ». De même, « *Acte de l'Amérique du Nord britannique* » a été renommé « *Loi constitutionnelle de 1867* ».

6  « All notices, bills or statements sent or demands made to any of the residents of St. Boniface community in connection with the delivery of any service, or the payment of a tax, shall be written in English and in French. » Article 80, alinéa 3, *City of Winnipeg Act*.

7  Selon la décision du juge Dureault, la loi de 1890 était contraire non seulement à l'article 23 de la *Loi sur le Manitoba*, mais aussi à l'article 133 de l'*Acte de l'Amérique du Nord britannique*, tous deux adoptés par le Parlement impérial

de Londres.

8 *Ultra vires*, locution latine signifiant littéralement « au-delà des hommes ». En l'occurrence, cela veut dire que la loi de 1890 dépasse l'autorité de la législature puisqu'elle va à l'encontre de la *Loi sur le Manitoba* qui, en tant que document constitutionnel adopté par le Parlement canadien, a préséance sur l'autorité de la législature provinciale.

9 Les coûts liés à cette perte de clientèle auraient excédé 12 000 $. Voir Russell, Frances, *The Canadian Crucible: Manitoba's Role in Canada's Great Divide*, Winnipeg, Heartland Associates, Inc., 2003, p. 239.

10 La perception de dons de la SFM atteindra quelque 5 500 $. Georges Forest déboursera 3 000 $ et le gouvernement fédéral versera plus de 70 000 $. Voir Russell, Frances, *ibid.*, p. 241.

11 Il s'agit de deux cas entendus par le juge Louis-Arthur Prud'homme dans la Cour de comté de Saint-Boniface : *Pellant v. Hébert*, en 1892; et *Bertrand v. Dussault and Lavoie*, en 1909. Dans les deux cas, le juge Prud'homme déclare que la législature provinciale n'a pas le pouvoir d'amender sa constitution, soit l'*Acte de l'Amérique du Nord britannique* et l'*Acte du Manitoba*. Voir la note 5.

12 À cette époque, les Franco-Manitobains se désintéressaient des contestations judiciaires et ont préféré résister à la loi scolaire de 1916, *An Act to Amend the Public Schools Act*, aussi connue sous le nom de la *Loi Thornton*, en créant l'AECFM. Si le gouvernement pouvait violer la loi, les francophones pouvaient en faire autant.

13 *Mandamus* : du latin « nous demandons ». Recours

extraordinaire utilisé par un tribunal supérieur pour exiger qu'un tribunal inférieur exerce sa compétence. (Référence : site Web Les Tribunaux du Manitoba, http://www.manitobacourts.mb.ca/fr/informations-generales/definitions-comprendre-le-vocabulaire-juridique/, accédé le 6 décembre 2017.) En l'occurrence, Georges Forest veut obliger le gouvernement à traduire les quatre lois en question.

14  Voir la note 10.

15  Un premier procès en français a lieu en novembre 1981. Pour venir en aide à ceux qui pratiquent le droit en français, les juristes franco-manitobains se dotent d'un centre de ressources en fondant l'Institut Joseph-Dubuc en mai 1983.

16  Hébert, Raymond, *Manitoba's French-Language Crisis: A Cautionary Tale*, Montréal/Kingston, McGill–Queen's University Press, 2004, p. 31.

17  Du même coup, la Cour déclarait la loi 101 du Québec invalide. Celle-ci, adoptée en 1977, faisait du français l'unique langue officielle du Québec. L'Assemblée nationale a siégé toute la nuit pour adopter dans les deux langues officielles l'ensemble des lois et statuts depuis 1977.

18  *Loi modifiant la Loi sur l'application de l'article 23 dans l'Acte du Manitoba aux textes législatifs*, 1980.

19  Un secrétariat provincial des services en langue française sera mis sur pied en 1981.

20  Parmi les conséquences de l'invalidation des lois unilingues, les mariages, les divorces, ainsi que les droits de

propriété, par exemple, seraient invalides. Le code de la route ne pourrait pas être appliqué et l'absence de tribunaux légitimes rendrait impossibles les règlements des litiges civils. Même la loi créant les cours de justice serait invalide.

21  *Hansard* : le compte rendu des débats en chambre.

22  « L'application de la loi, rien de plus, rien de moins », lettre de Georges Forest dans *La Liberté*, datée du 11 avril 1983, *La Liberté*, numéro du 22 avril 1983, p. 3, http://peel.library.ualberta.ca/newspapers/LBT/1983/04/22/3/Ar00302.html.

23  Le vote ne peut pas avoir lieu sans que tous les membres de l'Assemblée législative soient présents. Une sonnerie convoque les députés à la tenue d'un vote. Le Parti conservateur a choisi d'ignorer les cloches, qui ont sonné continuellement pendant plus de douze jours.

24  Renvoi : processus par lequel le gouvernement demande l'avis de la Cour sur une question de droit importante, comme la constitutionnalité ou l'interprétation d'une loi fédérale ou provinciale. (Référence : site Web de la Cour suprême du Canada, http://www.scc-csc.ca/court-cour/role-fra.aspx, accédé le 6 décembre 2017.) En l'occurrence, le gouvernement fédéral demande à la Cour suprême de trancher sur la question de la validité de toutes les lois unilingues manitobaines et québécoises afin d'élargir la portée du jugement.

25  Le gouvernement manitobain se dotera d'une politique sur les services en langue française en 1989 et établira un premier centre de services bilingues à Saint-Boniface en 2002. D'autres centres de services ouvriront, à la suite du rapport

Chartier, *Avant toute chose, le bon sens*, présenté en 1998. On devra attendre la loi 5 de 2016, la *Loi sur l'appui à l'épanouissement de la francophonie manitobaine*, avant que les services en français soient garantis par la loi dans les régions désignées bilingues.

26  *La Liberté*, numéro du 15 décembre 1989, p. 7, http://peel.library.ualberta.ca/newspapers/LBT/1989/12/15/7/Ar00701.html.

27  *La Liberté*, numéro du 23 février 1990, p. 8, http://peel.library.ualberta.ca/newspapers/LBT/1990/02/23/8/Ar00803.html.

28  Voir note 8.

www.ingramcontent.com/pod-product-compliance
Lightning Source LLC
Chambersburg PA
CBHW070451050426
42451CB00015B/3441